ESTE LIBRO
PERTENECE A:

Hormiga

Myra

Myra

Manzana

Äpple

Äpple

Astronauta

Astronaut

Astronaut

Plátano

Banan

Banan

Hormiga My__
Manzana Äp_l_
Astronauta _str_naut
Plátano Ba_an

Oso

Björn

Björn

Libro

Bok

Bok

Coche

Bil

Bil

Gato

Katt

Katt

Oso

_j_rn

Libro

_o_

Coche

_il

Gato

_at_

Maíz

Majs

Majs

Perro

Hund

Hund

Rosquilla

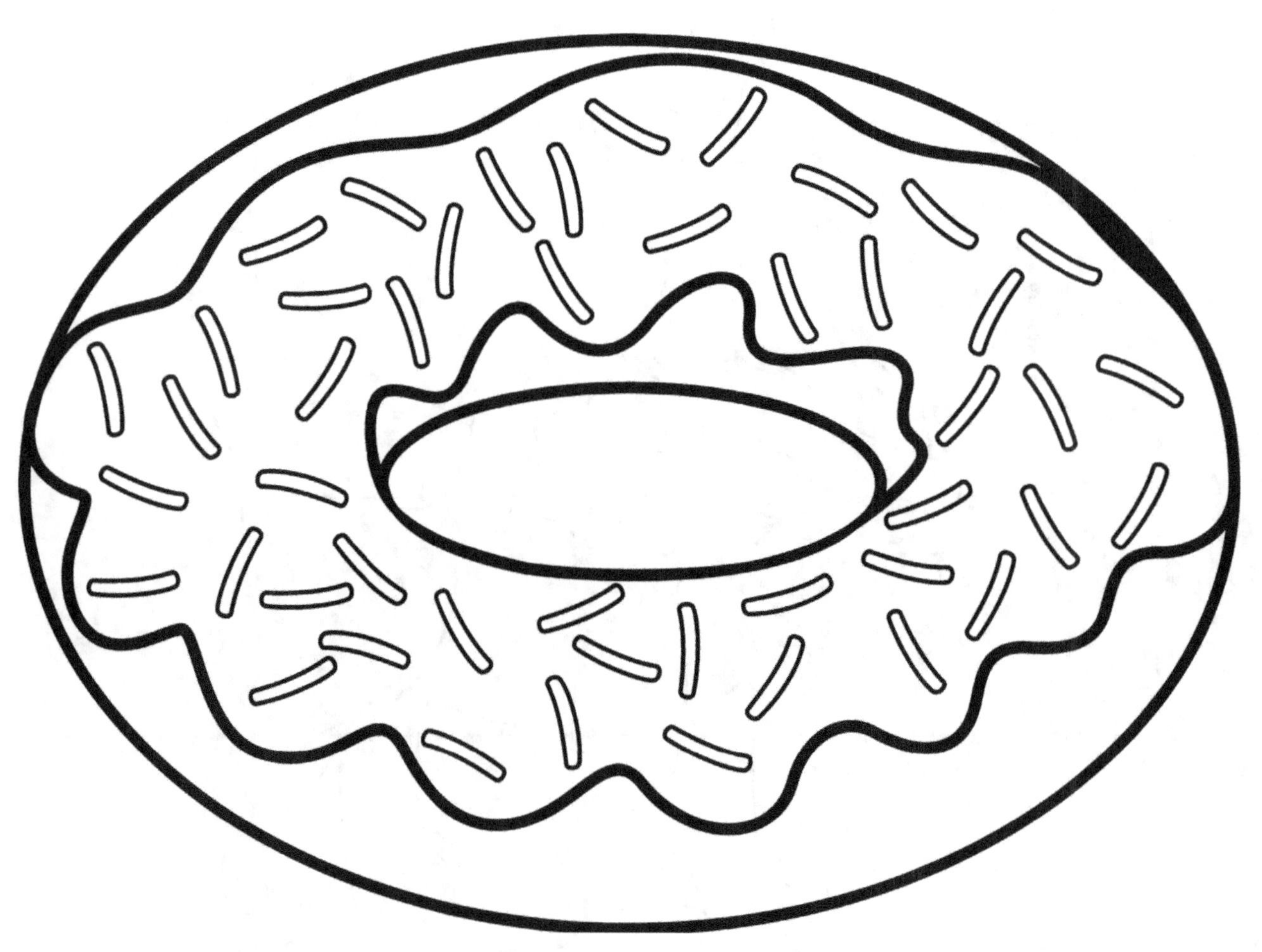

Munk

Munk

Tambor

Trumma

Trumma

Maíz

__js

Perro

H__d

Rosquilla

M__k

Tambor

_rum_a

Caracol

Snigel

Snigel

Cebra

Zebra

Zebra

Elefante

Elefant

Elefant

Pescado

Fisk

Fisk

Caracol

Sni_e_

Cebra

ebr

Elefante

lefan

Pescado

_isk

Flor

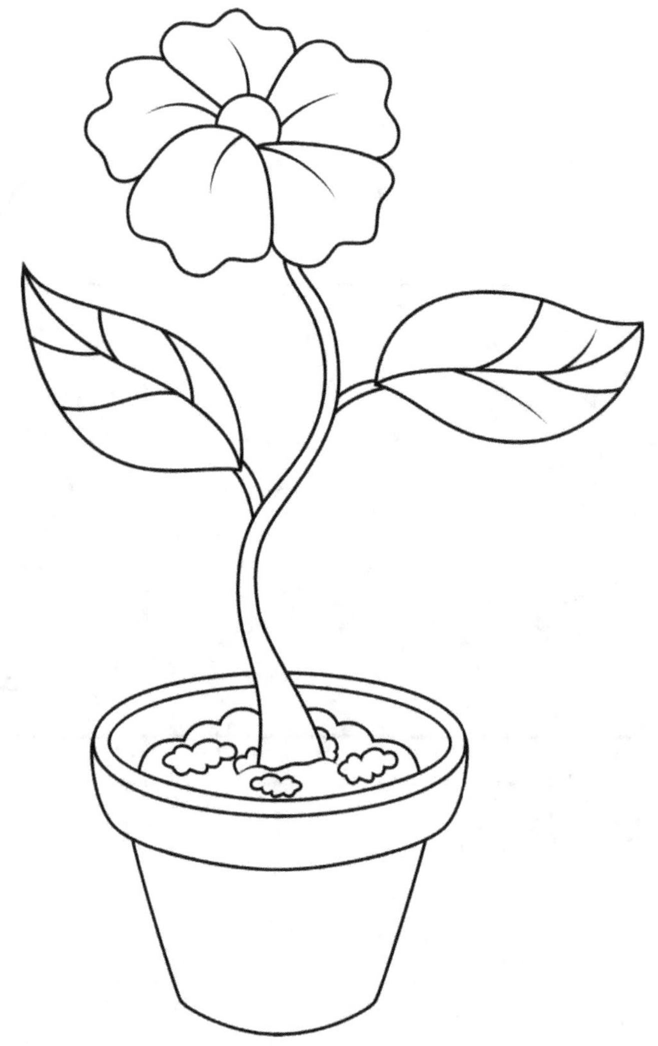

Blomma

Blomma

Zorro

Räv

Räv

Jirafa

Giraff

Giraff

Gafas

Glasögon

Glasögon

Flor

Bl_m_a

Zorro

__v

Jirafa

Gi__ff

Gafas

_lasög_n

Uvas

Vindruvor

Vindruvor

Hamburguesa

Hamburgare

Hamburgare

Hipopótamo

Flodhäst

Flodhäst

Casa

Hus

Hus

Uvas _ind_uvor
Hamburguesa Hambu_ga_e
Hipopótamo Flo_hä_t
Casa H_s

Helado

Glass

Glass

Iguana

Leguan

Leguan

Pato

Anka

Anka

Jaguar

Jaguar

Jaguar

Helado G_a_s
Iguana Leg_a_
Pato An__
Jaguar Jag_ar

Mermelada

Sylt

Sylt

Medusa

Manet

Manet

Dirigible

Zeppelinare

Zeppelinare

Kiwi

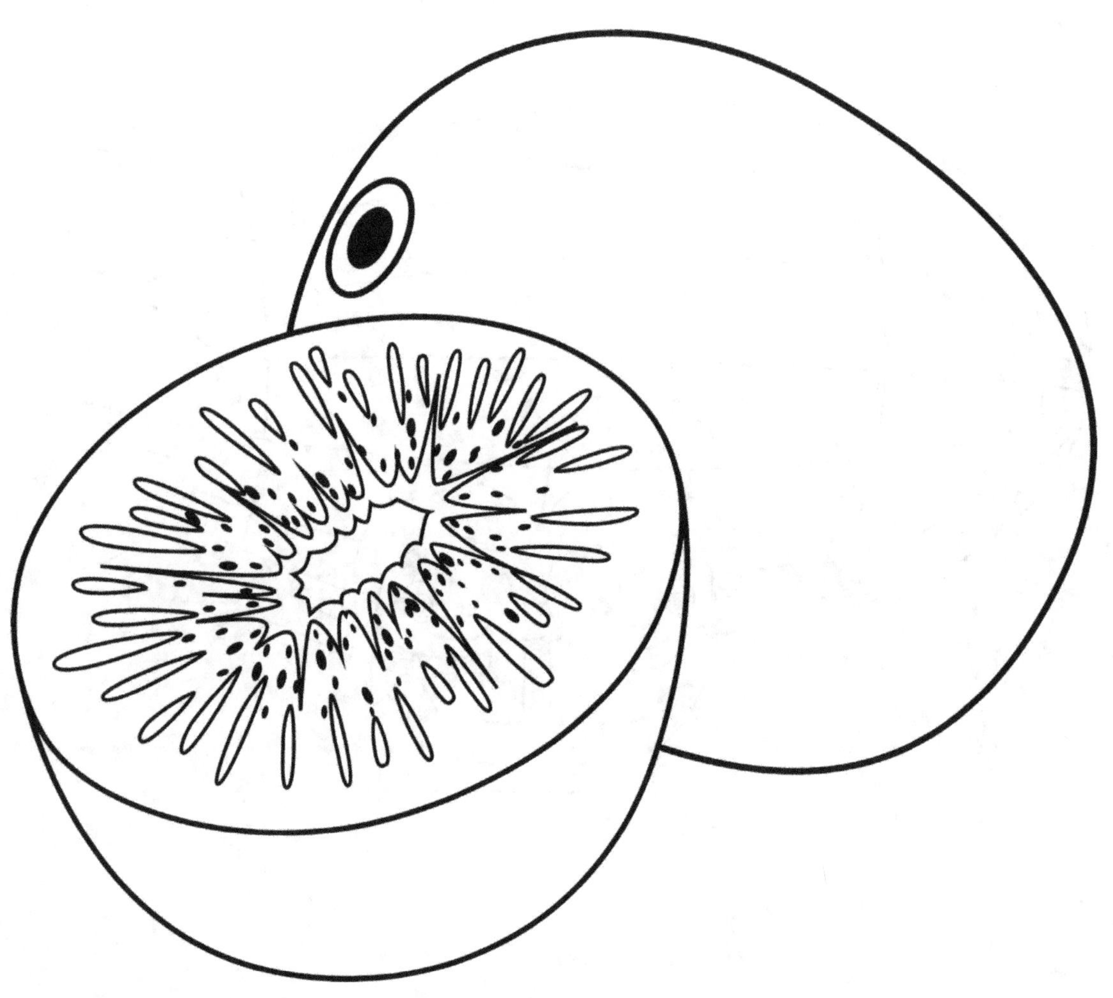

Kiwi

Kiwi

Mermelada _ylt
Medusa Ma_e_
Dirigible Zeppeli__re
Kiwi _iwi

Fresa

Jordgubbe

Jordgubbe

Hojas

Blad

Blad

Luces

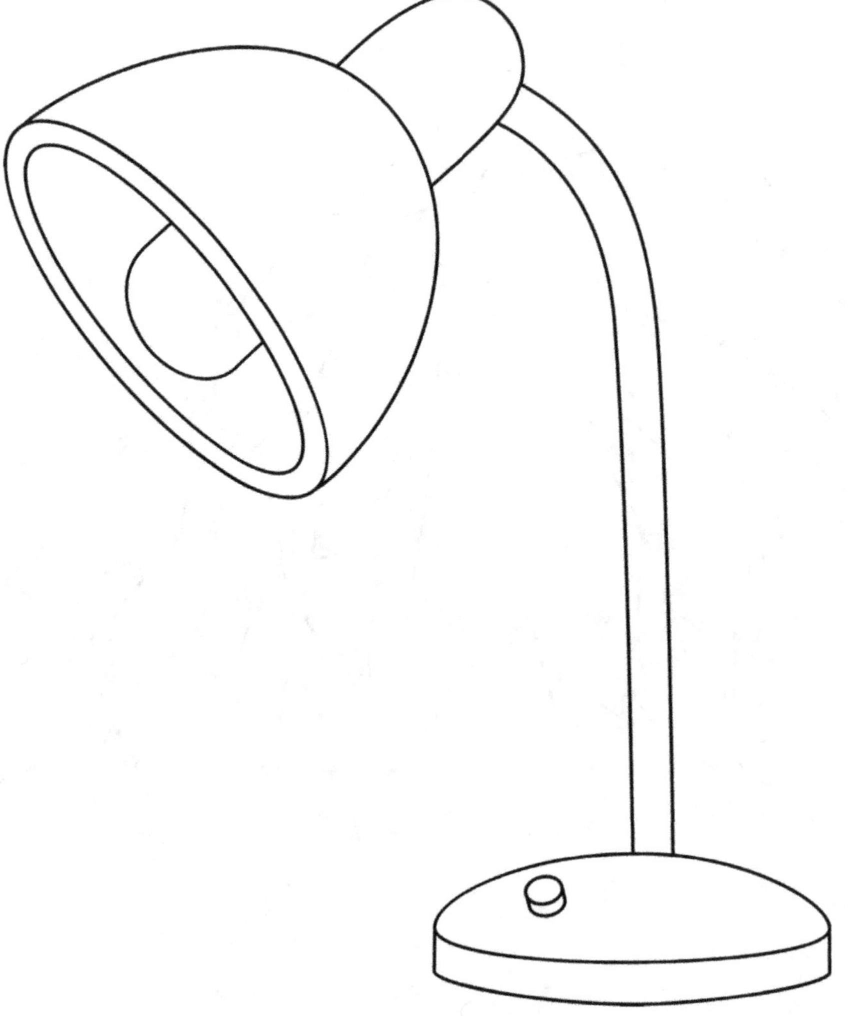

Lampor

Lampor

León

Lejon

Lejon

Fresa

Jord_ubb_

Hojas

Bl_d

Luces

L__por

León

_e_on

Mono

Apa

Apa

Ratón

Mus

Mus

Seta matamoscas

Röd flugsvamp

Röd flugsvamp

Clavo

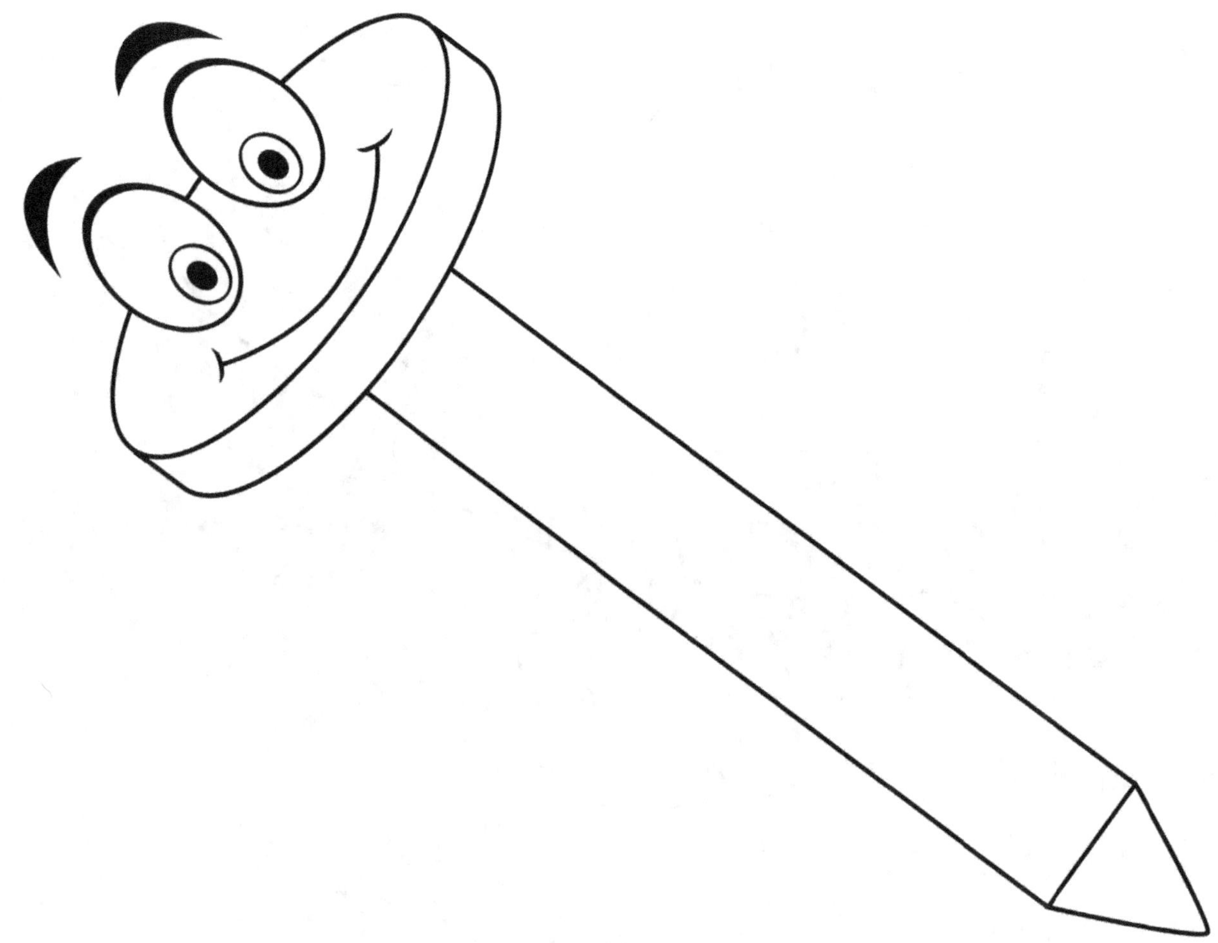

Spik

Spik

Mono

Ap_

Ratón

__s

Seta matamoscas

Röd flu_sv_mp

Clavo

_pi_

Caballo

Häst

Häst

Nuez

Nöt

Nöt

Pulpo

Bläckfisk

Bläckfisk

Naranja

Apelsin

Apelsin

Caballo _äs_
Nuez N_t
Pulpo _läc_fisk
Naranja Ap_l_in

Lechuza

Uggla

Uggla

Lápiz

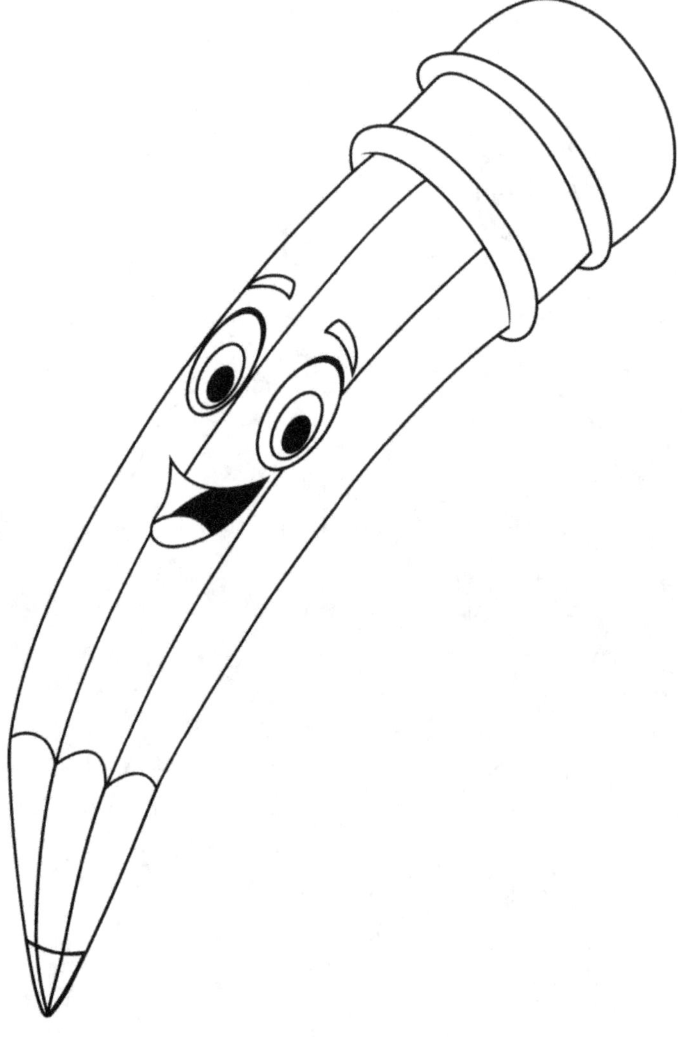

Penna

Penna

Pastel

Paj

Paj

Cerdo

Gris

Gris

Lechuza U__la
Lápiz Pe_n_
Pastel P__
Cerdo G_i_

Pájaro

Fågel

Fågel

Reina

Drottning

Drottning

Pluma

Fjäderpenna

Fjäderpenna

Conejo

Kanin

Kanin

Pájaro Fåge_
Reina D_o_tning
Pluma Fjäderpen__
Conejo _a_in

Rinoceronte

Noshörning

Noshörning

Robot

Robot

Robot

Tigre

Tiger

Tiger

Árbol

Träd

Träd

Rinoceronte _oshö_ning
Robot R_bot
Tigre T__er
Árbol _rä_

Paraguas

Paraply

Paraply

Erizo de mar

Sjöborre

Sjöborre

Sol

Sol

Sol

Verdura

Grönsak

Grönsak

Paraguas P_ra_ly
Erizo de mar S_öbor_e
Sol _o_
Verdura Grö_s_k

Volcán

Vulkan

Vulkan

Buitre

Gam

Gam

Sandía

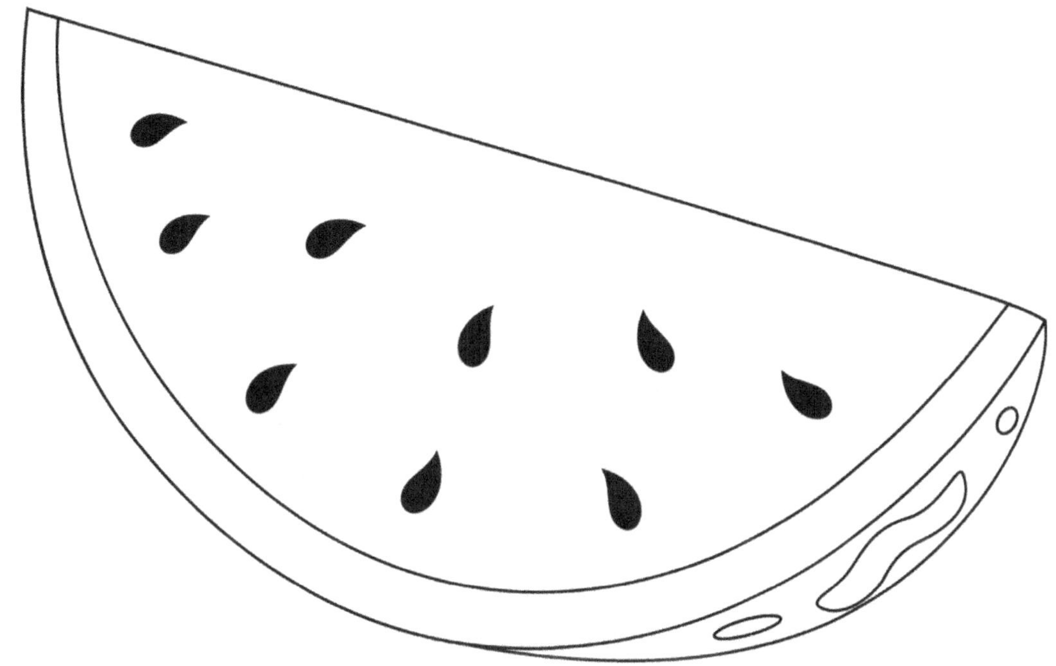

Vattenmelon

Vattenmelon

Ballena

Val

Val

Volcán   _ulkan
Buitre   Ga_
Sandía   _a_tenmelon
Ballena   _a_

Ventana

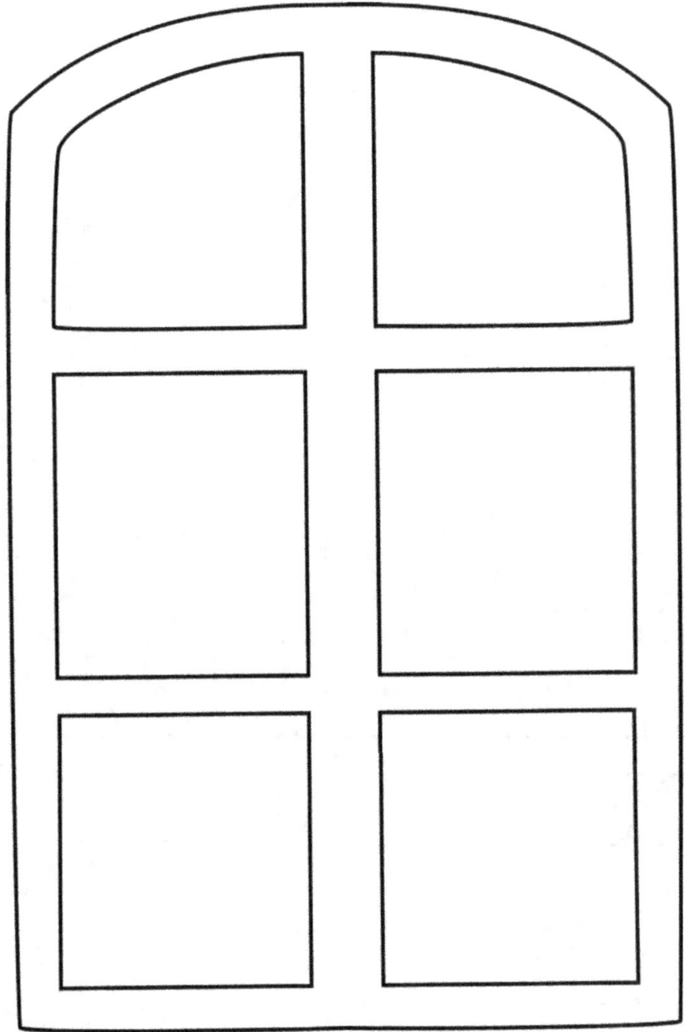

Fönster

Fönster

Xilófono

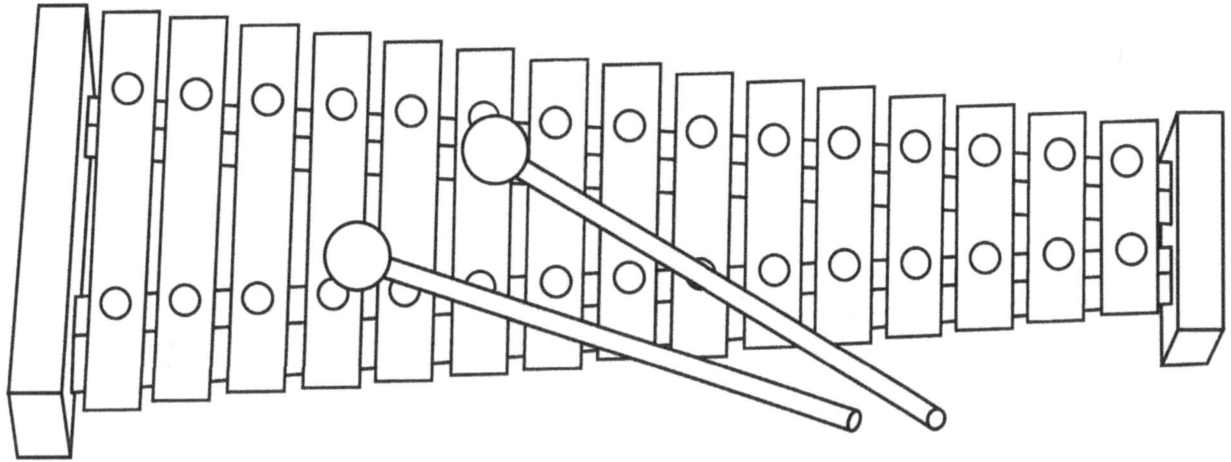

Xylofon

Xylofon

Embarcación de vela

Segelbåt

Segelbåt

Muñeco de nieve

Snögubbe

Snögubbe

Ventana _önst_r
Xilófono Xyl_fo_
Embarcación de vela Segelb_t
Muñeco de nieve Sn_gubbe

Yogur

Yoghurt

Yoghurt

Gallina

Kyckling

Kyckling

Llave

Nyckel

Nyckel

Koala

Koala

Koala

Yogur

Yo_h_rt

Gallina

Kyc_ling

Llave

__ckel

Koala

K_al_

Hormiga	-
Manzana	-
Astronauta	-
Plátano	-
Oso	-
Libro	-
Coche	-
Gato	-
Maíz	-
Perro	-
Rosquilla	-
Tambor	-
Caracol	-
Cebra	-
Elefante	-
Pescado	-

Flor -

Zorro -

Jirafa -

Gafas -

Uvas -

Hamburguesa -

Hipopótamo -

Casa -

Helado -

Iguana -

Pato -

Jaguar -

Mermelada -

Medusa -

Dirigible -

Kiwi -

Fresa -

Hojas	-
Luces	-
León	-
Mono	-
Ratón	-
Seta matamoscas	-
Clavo	-
Caballo	-
Nuez	-
Pulpo	-
Naranja	-
Lechuza	-
Lápiz	-
Pastel	-
Cerdo	-
Pájaro	-

Reina	-
Pluma	-
Conejo	-
Rinoceronte	-
Robot	-
Tigre	-
Árbol	-
Paraguas	-
Erizo de mar	-
Sol	-
Verdura	-
Volcán	-
Buitre	-
Sandía	-
Ballena	-
Ventana	-
Xilófono	-

Embarcación de vela	-
Muñeco de nieve	-
Yogur	-
Gallina	-
Llave	-
Koala	-

www.ingramcontent.com/pod-product-compliance
Lightning Source LLC
Chambersburg PA
CBHW081718280726
48658CB00022BA/2567

* 9 7 8 1 7 2 4 1 5 7 7 8 2 *